$L \overset{27}{\underset{}{}} n.^\circ\ 14170.$

LA MORALE VENGÉE

DES

NOUVEAUX EFFORTS DU FANATISME ET DE L'HYPOCRISIE.

Jɛ n'ai pas été étonné de lire dans le *Véridique* MENTEUR, du 23 frimaire, l'article dans lequel ce prêtre s'efforce de jeter une défaveur sur mon essai de morale. Voici comme il s'explique : « Pour le plaisir et l'édification des
» disciples du grand Diderot, ce célèbre professeur d'a-
» théisme et de matérialisme, nous allons dire deux mots
» d'un ouvrage qui mérite d'être placé dans la biblio-
» thèque des adeptes, à coté de *l'interprétation de la na-*
» *ture, des pensées philosophiques, du code de la nature,*
» écrits sublimes du maître dont l'intelligence n'est donnée
» qu'à un petit nombre. O Diderot ! prince des athées !
» toi qu'embrâsoit un saint zèle de prosélitisme, comme
» ton cœur palpiteroit de joie, en parcourant les pages
» de Jacques Mignard, du département de l'Yonne ».

Qui auroit pensé que le sans-culotte *Jésus* et ses per-
fides ministres eussent trouvé aujourd'hui dans Poujade Ladeveze un si ardent défenseur, sur-tout après que ces mêmes ministres naguères ont maudit ce pauvre Jésus, en le jetant dans la boue, en lui reprochant d'être l'auteur de toutes les jongleries dont ils n'avoient plus qu'à rougir, en se traînant en masse aux pieds de la nation, pour lui

A

demander pardon de toutes leurs pieuses escroqueries.
Peut-être étiez-vous de leur bande, citoyen Poujade ; mais
comme l'ancien métier que vous professiez étoit bon, vous
voudriez bien sans doute le reprendre encore. Puisque
des hommes qui ont abjuré leur charlatanisme public
trouvent aujourd'hui un ardent défenseur, je ne doute plus
que le dieu *Marat* n'en trouve également, quoique, comme
le sans-culotte *Jésus*, il ait été jeté dans l'égoût Mont-
martre ; car ce Dieu de sang a eu des partisans comme
le sans-culotte *Jésus*, puisqu'on lui avoit déja élevé par-
tout des autels, puisque chaque petite montagne étoit
surmontée d'un saint Marat qu'il falloit adorer pour éviter
l'échafaud.

Mais voyons comment s'explique l'abbé *Ladeveze*,
imposteur de profession, en voulant rapporter ce que
je dis dans ma morale. « Le premier chapitre de
» cet *Essai sur la morale, suivi d'un nouveau plan d'é-*
» *ducation nationale*, a pour titre : *De la morale de Jésus,*
» *considérée comme la source de plusieurs maux.* Certes, ce
» titre paroîtra friand à nos apprentifs philosophes !
» Écoutez Jacques Mignard : Elle est bien perfide cette
» morale (c'est celle de Jésus-Christ) qui a voulu que
» le crime ne portât plus avec lui sa punition. C'est lui,
» c'est cet homme dont la simplicité et l'ignorance ont
» préparé tant de maux à l'Univers, en offrant aux am-
» bitieux un vaste champ à leur audace, qui a dit : *faites*
» *le bien pour le mal !* c'est-à-dire, couronnez le vice,
» applaudissez aux forfaits.

» Assurément ce sont là des idées neuves, des apperçus
» prodigieusement *philosophiques* ! Je crois entendre le
» concert de toute la secte qui s'écrie, en lisant ce pas-
» sage ; *Dignus, dignus est entrare in nostro sancto corpore* «.
Il ne falloit rien moins que la perfidie d'un moine pour

me calomnier en me voulant classer parmi les athées. Peut-être avoit-il des vues plus perfides encore, c'étoit de me mettre mal avec ma famille ou mes amis, puisqu'aujourd'hui il ne leur reste que l'infâme ressource de diviser les familles, n'ayant plus l'horrible pouvoir de rôtir leurs victimes. Mais on connoît la pureté de mon cœur et de mes intentions, et mon essai de morale en donne une assez forte garantie. Ne peut-on donc avoir de morale, sans suivre aveuglément le chemin ténébreux indiqué par les tartufes défroqués. Zoroastre, Confucius, Zénon, Marc-Aurelle, avez-vous jamais eu besoin pour être vertueux d'être guidés par de pareils sycophantes, aussi présomptueux que cruels !

Monsieur Poujade, illustre contumax, c'est encore un petit échantillon de votre ancien métier que vous voulez donner ici. Voici comme il continue :

« Suivent pour renfort des déclamations effroyables » contre les prêtres, qui, dit-il, ne savent que l'art de » persuader par de faux principes, qui ne se couvrent » d'habits que pour se rendre perfidement responsables, etc. Mais pour donner une certaine lueur à votre critique, vous tronquez la phrase de ma morale. Voici cette même phrase, telle quelle est écrite dans mon essai sur la morale, deuxième édition, page 8 : « *Ils ne se* couvrent » d'habits mystiques que pour se rendre perfidement res- » pectables ». Mais vous vous êtes bien donné de garde de rapporter le chapitre suivant de ma morale, qui auroit montré au grand jour votre noirceur. « Lorsque l'Être » Suprême a créé l'homme, il lui a donné la raison qui » lui laisse la liberté de suivre la vertu, de rechercher » la vérité et de se conduire avec prudence. En dépit de » quelques-uns de nos philosophes, l'homme est natu- » rellement bon, puisque ses premiers penchans sont

» pour le bien. Il voit très-bien que devant ses pas se
» présentent deux routes, celle du bien, celle du mal ;
» la première aboutit à la récompense de la vertu, qui
» est le bonheur, la prospérité et la tranquillité ; l'autre
» route conduit à l'opprobre, et on y rencontre à chaque
» pas les remords, enfin la destruction ».

C'est ici qu'on reconnoît votre perfidie ; comment osez-vous me traiter d'athée ? celui qui reconnoît un Dieu puissant n'est point un athée ; eh bien, j'en reconnois un : mais vous, perfides fanatiques, vous traitez d'athées les hommes raisonnables qui ne croyent pas à vos faux Dieux, à votre Dieu de pâte, à ce Dieu que vous dévorez, que vous buvez, que vous digérez aussi lestement que vous avalliez nos trésors. Non-seulement les apôtres du sans-culotte Jésus, mais ceux de Marat, agissent et pensent ainsi.

Plus loin, vous me faites dire qu'il ne faut point de religion ; sans doute il n'en faut point comme la vôtre, qui fut le plus grand fléau du genre-humain, puisque pour la propager vous avez inondé la terre du sang des peuples abrutis, et que votre règne fut un 2 septembre de seize siècles. Vous entortillez comme il vous plaît ce que j'ai dit concernant le lieu qui m'a vu naître ; et pour faire voir encore votre perfidie, je m'en vais rapporter une partie du chapitre tel qu'il est, et vais citer deux endroits où votre abominable morale n'a pu pénétrer. Ce sont 1°. le village qui m'a vu naître, Chassinelle, et Philadelphie, capitale de l'Amérique du Nord. Dans ce premier endroit, quatre médiocres chiens suffisent pour repousser les loups, qui sortent quelquefois des sombres forêts pour venir dévorer les bestiaux ; et si ces quatre chiens n'étoient pas suffisans, tous les autres leur porteroient secours à la moindre alarme, au point qu'il est

[5]

difficile aux loups de causer le moindre dommage ; mais
dans ce lieu, il est encore plus facile à l'homme de se
garantir du voleur, puisque deux hommes qu'on appelle
gardes, chargés de pouvoirs de toute la paroisse, suffisent
pour garder un territoire d'une lieue et demie quarrée,
et y réussissent. Les hommes ne sont donc pas si pervers
qu'on cherche à nous les peindre. Autre chose est dans
la ville de Philadelphie, qui contient environ deux à trois
cent mille ames. J'ai été étonné de ne pas y voir de ma-
réchaussée, ni à pied, ni à cheval, pas le moindre soldat,
malgré que les habitans soient en guerre ouverte avec les
sauvages, qui ravagent les extrémités de leur territoire ; en
un mot, on ne leur voit pas la moindre arme défensive
pour y mettre la police. Quatre hommes (on les appelle
connétables) munis chacun sous leur responsabilité d'un
bâton long comme le manche d'une pique, peint de quelques couleurs, sont ainsi chargés de pouvoirs suffisans
pour mettre généralement toutes les propriétés en défense
contre les perturbateurs ou contre ceux qui voudroient y
porter atteinte ; la terreur qu'ils inspirent aux mal-inten-
tionnés met la ville dans la plus grande sécurité, au point
que ces quatre hommes courent rarement les rues, et si
le brigandage de quelque voleur féroce se fait entendre dans
la ville, il est bientôt étouffé par l'un ou l'autre de ces
quatre hommes ; un seul même suffit pour mettre la police lorsque le congrès tient ou la chambre de justice.
Si dans l'endroit il arrive du trouble ou se commet quelques vols, ou s'il s'agit d'arrêter quelques filoux, dans le
cas ou l'un des quatre hommes ne se trouveroit pas assez
fort, à sa réquisition, tous les spectateurs doivent lui
porter main-forte, à peine de grande punition et d'amende,
ce qui arrive rarement ; car celui qui n'auroit pas porté
secours seroit condamné à payer les dommages faits par

le voleur, et à répondre de la chose en sa place. Voilà donc des exemples frappans de l'existence de la vertu.

Français, conduisez-vous ainsi, ne tournez vos canons, vos bayonnettes et vos piques que contre vos propres ennemis, cessez de croire que vous êtes entourés de scélérats qui vont vous dévorer. Et si vous ussiez entendu ce chapitre, je crois que vous y auriez applaudi, plutôt que de chercher à le tourner en ridicule ; j'ai écrit du tems de la terreur, et je ne pouvois pas dire ce que je pensois. Eh bien, n'étoit-ce pas leur dire en propres termes : Cessez vos proscriptions, cessez vos arrestations. Et si j'eus été écouté, que de Français victimés existeroient aujourd'hui !

Je crois que vous seul pouvez tourner ce chapitre en ridicule, mais plus je continue de lire l'analyse que vous avez fait de ma morale, plus j'y reconnois votre noire perfidie. Vous me faites dire qu'il faut brûler tous les livres qui parlent de Dieu ; certes, je n'ai pas dit cela, car j'aurois prononcé contre mon livre même. Voici comme je m'explique à ce sujet, page 3o : « Il faut brûler tous » les livres qui parlent de Dieu *par superstition*. Déja » une grande partie d'entr'eux ont subi le sort qu'ils mé- » ritoient ».

Vous vous recriez sur ce que je trouve obscène le mot de *Marie pleine de grace*. Vous avez bien raison de dire que vous salissez votre Feuille d'ordures philosophiques, c'est bien véritablement la salir, que de prendre la défense d'une femme indubitablement adultère. Vous n'avez pas vu avec plaisir, à ce qu'il me paroît, les mystères que vous appelez de la Sainte-Trinité, dont je parle dans les fourberies de Gaston-Rosnay. Vous devriez, à ce qu'il me semble, vous ressouvenir en bon chrétien de votre catéchisme ; car voici comme on me l'a appris. Qu'est-ce que

Dieu? C'est un être composé de trois personnes : la première est le père éternel, qui selon moi, doit avoir une longue barbe. La seconde personne ? C'est le fils de Dieu, et né de la vierge Marie. Quoi, une femme fait un enfant et elle est vierge encore ? Et comment fut engendré ce fils ? Par l'opération du Saint-Esprit. Eh bien, qu'est-ce que le Saint-Esprit ? C'est un pigeon, et ce pigeon est la troisième personne de la Sainte-Trinité ; par conséquent, frère cadet de celui qu'il a miraculeusement engendré. Il faut pourtant croire à cela ou être brûlé vif par les charitables ministres de la superstition. J'aimerois autant croire aux arlequinades de Gaston-Rosnay, et à ses poëles impérissables de carton et de gaze, qu'à de pareilles turpitudes. Mais pour vous prouver que je ne suis point un athée, je vous dirai comme cet Incas : « Vous me parlez » de votre Dieu, qui a été pendu et crucifié pour expier » nos fautes ; le mien existe encore, et le vain pouvoir » des hommes n'a pu s'élever jusqu'à lui. J'adore l'Etre » Suprême qui récompense le bien et qui punit le mal, » voilà ma seule et unique religion, et celle qu'il seroit » à desirer que tous les hommes professassent ».

Mais vous êtes étonné que tous les journaux aient parlé de ma morale sans en dire du mal, même le *Rédacteur*. C'est que tous les journalistes n'ont pas la plume empoisonnée comme celle des prêtres, pour détruire tout ce qui est favorable à la société ou blesse leurs intérêts. Gaston et ses apôtres ont bien jeté comme vous feu et flamme lorsque j'ai dévoilé leurs sottises, mais les hommes éclairés n'ont pu qu'applaudir au courage que j'y ai mis. J'ose me flatter que mon essai sur la morale, lorsqu'il a paru il y a quatre ans, reçut les applaudissemens qu'il méritoit à l'unanimité des gens éclairés, et pour vous en convaincre, je me contenterai de rapporter l'analyse qu'en ont faite les *Petites affiches de Paris*, dans leur numéro 270, du 27 septembre 1793, page 4059.

« *Essai sur la morale*, *suivi d'un nouveau plan d'éducation*
» *nationale*, *par Jacques Mignard*, *du département de*
» *l'Yonne*, *avec cette épigraphe :*

» Il n'y a pas d'autre enfer que les remords.
» Il n'y a pas d'autre paradis que les jouissances du cœur.

DANS L'ETAT DE SOCIÉTÉ.

» La prison ou la mort est la punition du citoyen coupable.
» L'estime et l'amour des hommes sont la récompense du bon
» citoyen.

» Des idées fortes et saines sur la véritable morale de
» l'homme libre ; une haine puissante contre les préjugés ;
» des armes, toujours prises dans la raison, pour les
» combattre ; enfin, d'excellentes idées sur l'éducation
» nationale, voilà ce qui fait le mérite de l'ouvrage de
» Jacques Mignard, ouvrage qui a mérité l'approbation
» de la Convention nationale, et qui doit avoir celle de
» tous les hommes éclairés ».

Eh bien, vous voyez, hypocrite Poujade, que tout le monde n'est pas de votre avis sur ma morale ; il est vrai qu'elle ne donne pas aux trompeurs sacrés le droit pernicieux de faire des dupes, et de devenir à leurs dépens de très-riches prélats. Mais ce qu'il y a de plus étonnant, c'est que depuis quatre ans que je la distribue par toute la France, je n'en ai jamais reçu que des louanges, parce que ceux qui l'ont lue sans passion n'ont pu s'empêcher d'avouer que c'étoit la vraie morale, et la seule qui devroit être prêchée au peuple. Il ne s'agissoit que de faire voir l'échafaudage des fables révoltantes de la religion romaine pour qu'elle s'anéantisse d'elle-même. C'est en vain que vous chercherez à la rétablir ; jamais vous ne parviendrez à faire croire au peuple ce qui révolte le bon sens et la raison. Gaston auroit beau vanter aujourd'hui son atelier d'extravagances, et placarder tous les murs de Paris, en annonçant qu'il fait des poëles et des chevaux de carton et de verre, qui courent toujours et sans manger, on ne le croira plus ; mais l'escroc Gaston, plus téméraire que les prêtres, osoit promettre ces choses dans ce monde, et donnoit même jusqu'à des reçus à ceux qui en exigeoient. Les prêtres en agissoient bien différemment, ils recevoient de toutes mains, sans faire la moindre promesse de rien rendre, vendoient des places au prix qu'on vouloit dans l'autre monde, étant persuadés que ceux qui iroient faire ce voyage ne reviendroient pas leur faire des reproches de leurs escroqueries. Mais pourquoi le fanatisme se recrie-t-il aujourd'hui contre ma morale, après avoir gardé pendant quatre ans le silence ? c'est qu'il remontre aujourd'hui sa tête hideuse, c'est qu'on a r'ouvert la boîte de Pandore en r'ouvrant le grand comptoir d'impostures ; mais ces efforts sont vains, il n'essaiera de sortir de l'opprobre dans lequel il est plongé que pour y retomber de nouveau. Déja trois de ses apôtres se déchaînent aujourd'hui contre moi : le moine Poujade, qui peut être leur chef, n'est pas moins secondé par le moine Gallais et par le petit Saint-Denis, qui ont rapporté dans leurs journaux les mêmes phrases tronquées telles que les a rapportées le perfide Poujade. Ce trio de caffards s'est réuni contre moi. Oui, certes, ce Gallais regrette l'ancien tems où il professoit avec tant d'art la foi des aveugles, la doctrine des prêtres. Ce héros du fanatisme n'a rien voulu perdre de son ancien despotisme, car on nous a dit qu'au couvent il exerçoit les fonctions de frère fouetteur, ce qui lui donnoit une certaine importance sur les autres; aussi a-t-il pris le titre de *Censeur des journaux*, titre à la vérité bien honorable, s'il étoit digne de le remplir. Mais qui a besoin plus que lui de censure, lui dont la plume vénale est à l'enchère de celui que le paye le mieux, distribue en style emphatique l'éloge ou le blâme, attaque aujourd'hui avec effronterie ceux qui lui prodiguoient les assignats. Quelle est la moralité d'un homme qui vend sa plume au premier venu, et qui ose critiquer mes principes ? Connoît-il ce que c'est que la morale, après avoir professé si long-tems l'odieuse superstition, et gardé quatre ans le silence sur mes écrits? Il commence par attaquer ma *Politique Anglaise dévoilée* (1). Il est sûr que si le lord Malmesbury n'étoit

____

(1) Voici ce que dit de cet ouvrage le journal de Rouen, en date du 4 frimaire, l'an 3.

» L'auteur, JACQUES MIGNARD, parcourt rapidement la marche politique, ou plutôt le brigandage des cours, mis en action dans la conduite de ceux que la France avoit chargé de l'emploi honorable de protéger son pavillon et son commerce dans les colonies françaises de l'Amérique ; il n'oublie pas les fautes commises par le dernier gouvernement. « Si dans la dernière guerre, dit-il, les » Français et les Espagnols eussent été plus politiques; si, au lieu » d'aller porter des forces considérables contre le rocher de Gi- » braltar, ils les eussent portées au contraire sur les côtes du Ma- » labar ou du Coromandel ou à la Jamaïque, le commerce de » l'Angleterre étoit perdu et entièrement anéanti ».

» Mignard parcourt ensuite la marche de l'Angleterre, considérée sous ses rapports militaires et commerciaux.

« L'Angleterre, dit-il, humiliée sur terre par des défaites nom- » breuses, cherche encore à se dédommager sur mer de ses revers » qui l'abattent et la ruinent. Aussi n'a-t-elle point encore perdu » de vue son ancien projet de commander sur les mers et de s'empas venu à Paris , cette brochure n'auroit pas choqué ces vils courtisans de l'étranger avide du sang Français ; mais j'y ai maltraité les Anglais en faisant voir toutes leurs scélératesses, et j'ai démontré ouvertement mon devouement à la patrie , par conséquent, les amis de l'Angleterre et les ennemis de la France ne pouvoient pas trouver un meilleur défenseur que Gallais ; qu'ils aient sur-tout le soin de le bien payer, faute de quoi ils seroient exposés bientôt, comme lorsqu'il barbouilloit *la Quotidienne*, à être abandonnés.

Voici comme il s'explique au sujet de ma morale dans

———————————————————————————

» parer de l'Amérique , en commençant par se rendre maîtresse des » colonies françaises. Elle espère que par la suite il lui sera facile » de conquérir celles des Espagnols. On ne peut contester la réalité » de ce projet ambitieux , lorsque l'on considère les efforts extraor- » dinaires qu'elle a faits dans le courant de nivôse dernier (décembre » 1793 vieux style) pour envoyer à la Martinique quinze mille » hommes et un nombre suffisant de vaisseaux pour s'emparer de » cette colonie et des autres îles françaises. De ces 15 mille hommes, » 7 mille sortirent de l'Angleterre , 3 mille du Canada , et le reste » des îles Antilles.

» Si malgré la crise où se trouvoit alors l'Angleterre, elle a pu » fournir pour cette expédition 7 mille hommes, combien la France » victorieuse et quatre fois plus peuplée pourroit-elle en fournir ? » Il me semble qu'il seroit facile d'en embarquer 150,000, nombre » suffisant pour reprendre et repeupler non-seulement nos colonies, » mais même pour nous emparer de celles de l'Angleterre et de » l'Espagne, qui semble ne devoir être cultivées que par les Français, » les meilleurs cultivateurs de l'Europe ».

» Dans chaque paragraphe, Mignard décèle le sang français qui coule dans ses veines ; la gloire et la prospérité de sa patrie marchent dans son cœur sur la première ligne. Il aime la république, il est digne de plaider et de combattre pour elle : puisse-t-elle avoir assez de généreux enfans pour assurer la révolution et éterniser la république ! «

son numéro du 17 nivôse : « Un nommé Jacques Mignard,
» qui écrivoit en 93 : *si Pitt est Anglais, Jacques Mignard*
» *est Français*, écrit aujourd'hui que la morale de Jésus
» est la source de tous nos maux ; qu'il est nécessaire de
» brûler tous les livres qui parlent de Dieu ; qu'il ne faut
» pour conduire les hommes que quatre chiens et deux
» gardes ; que le mot de *Marie pleine de grace* est un
» mot obscène, etc., et mille jolies choses de cette na-
» ture, dont la réunion forme ce qu'il appelle un *essai*
» *sur la morale*, et dont le *Rédacteur* a fait gravement
» l'annonce sans aucune observation ». C'est un vrai ré-
sumé de ce qu'a dit son cher confrère *le Véridique* : ces
messieurs se tiennent par la main.

Il n'est pas étonnant qu'un frocard amphybie qui joue
le bon apôtre aujourd'hui pour de l'argent, comme il
jouoit le patriote en vendémiaire pour des assignats,
rugisse contre les principes éternels d'une morale qu'il
voudroit, lui et ses complices, voir étouffer sous la
masse volumineuse des impostures bénites qui si long-
temps engraissèrent la foule immonde des fainéans dont
les palais élevés aux frais de la sottise rivalisoient ceux
des rois qu'ils régentoient.

Il n'est pas étonnant qu'un vil apôtre du mensonge,
dont la griffe infernale déchire chaque jour les pages
immortelles des plus célèbres philosophes, s'attache à
barbouiller de fiel ceux qui, fidèles à leurs principes,
amis de la tolérance et des vertus sociales, propagent la
vérité qui doit épouvanter les pervers et foulent aux pieds
les reptiles qui voudroient la défigurer.

Il n'est pas étonnant qu'un suppôt forcené de la prê-
traille fasse métier de dénigrer, appelle à son secours la
calomnie, verse le poison du ridicule sur l'ennemi cou-
rageux des empiriques qui profitent des calamités d'un

grand peuple pour lui faire abhorrer sa valeur et ses victoires, et le courber de nouveau sous le joug qu'il a brisé dans sa colère.

Méprisables caméléons, vous avez beau secouer sur la terre de la liberté la torche des furies qui vous inspirent, allez, votre règne est fini, vous ne rallumerez ni l'exécrable incendie de la Vendée, ni les bûchers des tyrans en étolle, ni le feu des discordes civiles, ni la foudre des rois.

Les prêtres du pontife *Robespierre* sont engloutis avec leur chef, les prêtres du pontife Romain passeront !.... oui, j'en jure par le Dieu qu'ils outragent, ils passeront comme la poussière qu'enlève la tempête. Tout fanatisme, toute superstition n'ont qu'un tems, la vérité seule brillera sur leurs débris.

Mais ce n'est point en persécutant ses perfides prôneurs qu'on anéantira les prestiges de la cagoterie, c'est en déchirant le voile de l'erreur, c'est en opposant la MORALE UNIVERSELLE à leurs simagrées, la connoissance du vrai à l'ignorance qu'ils entretiennent, les vertus utiles à leurs pantomimes insignifiantes. Le jour n'est pas loin où la saine raison triomphera de ces professeurs de chimères, de ces traficans de lugubres mystères et d'indulgences. Les peuples éclairés qu'ils museloient à leur gré les couvriront de mépris, mais ne les couvriront plus d'or.

Et toi, pauvre Galais, moine fameux par ses métamorphoses, si c'est le chapeau de cardinal que tu postules en bafouant la philosophie, crois-moi, tu ne l'auras jamais ; ta lourde et pestilentielle éloquence ne te fera pas même rattraper le risible béguin qui couvroit jadis tes longues oreilles et ton crâne tondu. La liberté que tu voudrois fouler aux pieds quand elle t'a nourri près d'une année, t'a donné le pouvoir de te montrer hargneux et pédant comme elle m'a donné celui de briser ton masque hypocrite.

Un 'jour viendra que tes rapsodies mistiques iront grossir chez l'épicier le fatras poudreux dont la caverne théologique étoit encombrée. On lira ma *Morale*, natu‑relle et naïve, alors que ton fétide *Censeur* ne se vendra pas même à la livre. Mon pays sera libre ; je jouirai de son triomphe, et toi, l'opprobre de tous les partis, tu seras la risée des hommes de bien qui déja t'ont jugé ; tu fuiras leur aspect.

Oui j'ai dit qu'il falloit brûler tous ces livres obscurs prétendus saints qui font de la divinité un être bisarre et furieux, farouche, injuste et capricieux ; je l'ai dis et ne m'en défends pas. L'inquisition de quelques gaze‑tiers effrontés seroit-elle donc aussi redoutable que celle des atroces Dominicains ? Le Dieu puissant que j'honore seroit bien foible et bien maussade., si pour relever l'éclat de sa gloire éternelle il avoit besoin du secours de quelques grimauds impudens, comme d'un *Denis*, par exemple, chétif gâcheux encroûté d'ignorance, échappé d'un froc et singeant le Galais, sans doute par esprit de confraternité.

Il faut qu'on sache que j'ignorerois qu'il est un Denis dans ce monde, ci-devant moinillon, barbouillant l'in‑sipide *Courier des Départemens*, naguères connu sous celui de *l'Egalité*, que n'aime pas sans doute ce Sainte-Nitouche, aussi sot plagiaire que plat calomniateur, s'il ne m'eût point attaqué.

Cet avorton périodique a cru devoir faire aussi la satyre de mon livre, qu'il n'a pas lu. Comme il a copié ce qu'ont écrit ses chers confrères en Dieu, sans doute, me suis-je dit, ce pauvre hère fait son journal avec des ciseaux, il ne faut que lui donner un coup de fouet et lui pardonner sa niaiserie.

Mon cher Denis, fais-toi boueux plutôt que d'être journaliste, puisque tu sais si bien ramasser les ordures d'autrui pour en salir ta triste Feuille. Ton soporifique *esprit public* montre bien que c'est toujours le tien que tu fais circuler. Laisse en repos l'honnête homme et ne vis pas d'impertinences : apprends à lire, sois discret, et si tu veux être mordant, fais du moins qu'on puisse t'excuser en faveur de ton style. Mais, que dis-je ?.

Un lourdeau, quoiqu'il fasse, est toujours ignorant.

C'est pourtant quatre ans après la publicité de mon ouvrage que trois prédicateurs de momeries s'avisent de me faire un crime de l'avoir publié, et s'efforcent de me noircir pour avoir répandu la lumière sur l'iniquité des marchands de reliques, sur ces éternels ennemis de la tranquillité des empires, afin de désabuser les peuples qu'ils voudroient abrutir et pressurer dévotement encore, pour la plus grande gloire du pigeon Saint-Esprit.

Je me suis demandé pourquoi cette audace nouvelle, et j'en trouve la cause dans le plan formé par tous les ex-calotins de ramener le peuple par la bigoterie à la plus honteuse servitude. Ils savent bien, ces brouillons adroits, que c'est en redoublant de zèle qu'ils pourront rétablir leur puissance colossalle et ressusciter le cadavre de la royauté. Puissions-nous ne nous repentir jamais de n'avoir pas imité nos voisins, en chassant de notre sein les papistes et les loups, deux espèces aussi nuisibles l'une que l'autre.

Déja les orateurs de Vendémiaire, non-contens d'avoir été la cause des désastres de cette journée, vont dans l'église appelée Saint-Roch y réchauffer leur funeste zèle.

C'est dans ce temple , criblé de boulets vengeurs ; qu'est le rendez-vous des HUMAINS du jour.

L'hermite *Laharpe* y fait amende honorable sur les débris des idoles dont, avec son ami *Voltaire*, il avoit prédit et provoqué la chûte. Mais que pourront les *Gallais*, les *Ladevèze*, les *Denis*, les *Bridel*, et toute la clique d'écrivailleurs venimeux ci-devant encapuchonnés ? Leurs efforts seront vains, nous triompherons.......

JACQUES MIGNARD, *du Départ. de l'Yonne.*

De l'Imprimerie de J. Mignard, rue de Taranne, nº. 24; et se trouve chez les marchands de nouveautés.